西漢龍紋鏡

陳燦堂 編著

上海古籍出版社

序 言

王綱懷 傅舉有

　　陳燦堂先生祖籍福建，早年畢業於"國立"臺灣海洋大學河海工程研究所（碩士），長期從事河海工程項目。燦堂先生熱愛中國傳統文化，在三十多年的工作之餘，特別專注於中國古代銅鏡的收藏、鑒定與研究，曾任臺灣"中華古銅鏡研究會"第二屆會長，對推動兩岸文化交流與銅鏡文化傳承等方面，做出了應有的貢獻。其專著《西漢龍紋鏡》是多年傾心研究的豐碩成果，今付梓出版，可喜可賀。

　　龍是華夏圖騰。中國龍文化源遠流長，自河南濮陽新石器晚期仰韶文化的蚌塑龍算起，距今已有七千年的歷史。在中國銅鏡史上，有戰國、兩漢、隋唐三座高峰。概括而言，戰國鏡龍紋抽象神秘，隋唐鏡龍紋具象輝煌。而處於戰國與隋唐之間的兩漢，其龍紋以簡潔寫意爲特色，展示出一種明快粗獷的表現手法。

　　燦堂先生在自己藏品的基礎上，又從其他各處的許多資料中收集了五十餘幅精美的圖片，經過細緻的梳理、分類、歸納、綜合，得以聚沙成塔。此書乃集西漢歷史、文化、工藝、美術之大成，并將其聚焦在龍紋鏡的這個點上。這是一件前人未曾做過的難事，今天終於功德圓滿。

　　打開這本書，八十一幅精美的龍紋圖案撲面而來。看其外形：彎曲、環繞、勾連、糾結，可稱千姿百態；見其動作：舒展、搖擺、匍匐、騰飛，可謂争奇鬥艷；視其表述：整體、局部、誇張、省略，可言琳琅滿目；察其手法：具象、抽象、稚態、童趣，可說異彩紛呈。在具象的圖案中，可見小狗臉（如圖33）、牛頭形（如圖8、圖18、圖19）、蜥蜴狀（如圖4）、水鳥態（如圖46、圖72）等各類動物的借鑒。書中圖48與圖69的稚態，圖58與圖59的童趣，還會給人們帶來意想不到的愉悅享受。從圖60至圖63的四個龍紋展示部分，更可見到龍紋從具象到抽象的發展軌迹。現代抽象主義在國外的發展歷史才百餘年，殊不知，早在兩千年前的西漢中期，就有了這種古老的抽象美。在《西漢龍紋鏡》全書的八十一幅圖片中，皆採用了局部放大的龍紋展示，并以明暗區別的創意，讓龍紋"躍"出紙面，具有強烈的動感，讓人賞心悅目，回味無窮。

　　兩漢鏡在戰國鏡與隋唐鏡之間，肩負着承前啓后、繼往開來的重任。西漢龍紋鏡是兩漢鏡的一個重要組成部分，對其進行系統研究很有必要。陳燦堂先生在這個專題研究上，做了很有意義的工作，給大家樹立了一個榜樣。我們希望有更多的人來做更深入的研究，以推動中國傳統文化的進一步發展。

壬辰端午

前 言

陳燦堂

　　龍是中華民族的象徵，是中華文化的特定符號。幾千年來，龍備受崇拜，龍與"龍的傳人"的生活，尤其是精神生活，有非常密切的關係。大江南北皆有龍王廟，以祈祝風調雨順，五穀豐登；房屋、橋梁等建築雕繪龍飾，以驅兇祈祥，盼百年永固；節日舞龍燈、競龍舟，以弘揚龍馬精神，高蹈精進；男女婚姻曰"龍鳳呈祥"，後生上進叫"躍龍門"，山川勝地稱"龍盤虎踞"；乃至華章鉅製面世，也歸功於龍的精氣神的濡染——"董仲舒夢蛟龍入懷，乃作《春秋繁露》辭"（見《西京雜記》）。總之，人們把龍看作一切美好事物的象徵和來源。幾千年裏，儘管銅鏡工藝大師們設計和生產了千百種紋飾精美絕倫的銅鏡，但它們大多曇花一現，衹有短暫的美麗，時間稍長者，也大多隨着時代的變遷，流傳一二百年，經歷一個或幾個朝代便銷聲匿跡。在中國銅鏡史上，衹有龍紋銅鏡流傳時間最長，生產數量最多。

　　根據考古資料，目前已經發現年代最早的龍紋鏡，是在西周至春秋時期。1987年，新疆和靜縣察吾乎溝四號墓地105號墓出土了卷龍紋銅鏡，該墓年代為公元前800年。馬承源主編的《中國青銅器》（上海古籍出版社1988年）説："青銅器紋飾中，凡是蜿蜒形體軀的動物，都可歸之於龍類。"戰國時期，王綱解紐，禮崩樂壞，社會發生空前的大動蕩、大變革。這一時期的青銅藝術也發生了深刻的變化，它走下商周神壇，面向生活，面向自然，由宗廟祭器轉向日常生活用品方面發展。銅鏡作為千家萬戶都離不開的生活必需品而受到重視，銅鏡製造成為當時的主要工業之一。根據現有資料，從新石器時代的齊家文化到春秋時期一千多年裏，目前只發現了數十面銅鏡，而僅兩百多年的戰國時期，就發現了約兩千多面銅鏡，其中龍紋銅鏡占了很大比例。

　　戰國時期的龍紋鏡，不僅數量多，而且紋飾豐富、品種多樣。如果細分，有數十個品種，粗分可有三個大類。其一，蟠螭紋鏡。戰國龍紋鏡，大多數是蟠螭紋鏡。蟠，是屈曲、環繞的意思；螭，是龍的一種，先秦兩漢文獻中屢見不鮮。《楚辭·九歌》："乘水車兮荷蓋，駕兩龍兮驂螭。"漢代王逸注："言河伯以水為車，驂駕螭龍而戲游也。"司馬相如《上林賦》："蛟龍赤螭。"《呂氏春秋·舉難》篇："螭食乎清而游乎濁。"漢代高誘注："螭，龍之別也。"這種鏡子，因龍紋屈曲環繞而得名。圖案紋飾多為二龍、三龍、四龍等不同構圖，亦有多到八龍、九龍者。龍紋多側面形象，有的呈飛騰狀，有的作爬行狀，張牙舞爪，表現力量和速度共存一體。鏡子的整體構圖，呈現出多層次立體構圖的藝術特色。其二，透雕龍紋復合鏡。這是一種復合鏡，鏡背和鏡面分別鑄造，將鏡面嵌入透雕的鏡背而成。1988年河南洛陽西工區戰國墓出土一面長方鏡（長11.2厘米、寬11厘米）。其三，金銀錯龍紋鏡。這是戰國龍紋鏡中最漂亮最高貴的品種。有一面傳洛陽金村出土的金銀錯連體龍紋鏡（直徑17.5厘米），早年傳入日本，成為日本的重要國寶。

《焚書坑》（唐章碣）詩曰："竹帛烟銷帝業虛，關河空鎖祖龍居。坑灰未冷山東亂，劉項原來不讀書。"《史記·秦始皇本紀》："三十六年言曰：'今年祖龍死。'"蘇林注曰："祖，始也，龍，人君像，謂始皇也。"秦末農民大起義風起雲涌，各路諸侯逐鹿中原。由於劉邦出身貧賤，難與高貴的諸侯後裔比肩，因此編了一個神話，説劉邦"母媪嘗息大澤之陂，夢與神遇，是時雷電晦冥，父太公往視，則見交龍於上。已而有娠，遂産高祖"（《漢書·卷一·高帝紀》）。漢高祖乃龍種，登九五之位自是順理成章。可見，秦、西漢前期，龍文化浸淫世俗，龍紋銅鏡遂大量流行。

秦、西漢前期的龍紋鏡仍是地紋襯托主紋，作剪紙式或剪影式的平面龍圖案，基本風格和結構没有大變。這個時期的龍紋鏡，如果不是從紀年墓和年代明確的秦漢墓中出土，就會使人産生誤判，常把秦漢龍紋鏡歸爲戰國晚期的作品。

西漢中葉漢武帝時期，雖然銅鏡上還不時出現一些蟠虺紋、蟠螭紋，但此時的龍紋，開始從圖案式向寫實過渡，而且純粹的龍紋鏡較爲少見，多組合在其他紋飾之中。西漢中晚期至新莽，銅鏡上龍紋雖多，但不是主題紋飾，而是組合紋飾。最典型的是四靈博局鏡中的青龍紋飾，龍頭前飾以金烏（太陽）圖案。在始於西漢并延續至新莽、東漢的花邊鏡中，龍紋更加飄逸、靈動、俊美、灑脱。

東漢至南北朝，又出現了名副其實的龍紋鏡，即純粹的龍紋鏡。但這種龍紋鏡與戰國、秦、西漢前期完全不同。首先是，龍的表現手法由以往的綫條式變爲圓雕、高浮雕，有立體感，龍的形象活靈活現，更加生動。這是以往圖案式、剪影式龍紋所無法達到的藝術效果。紋飾布局方面，也有了劃時代的根本改變，打破了千年以來，以鏡背圓心作環繞式和上下左右對稱式（中心對稱式）的布局，出現了軸對稱式，即左右對稱式的配置。而龍的具體形態上，雖然獸體形與蛇體形同時并存，但以獸體紋爲主。

隋唐是中國銅鏡的輝煌時代，各種銅鏡如百花齊放、争奇鬥艷。龍紋鏡也發展至頂峰，成爲銅鏡中的百花之王。

在諸多存世漢鏡器物中，筆者挑選了風格明顯、圖案清晰的八十一面龍紋鏡納入本書，計有：單龍鏡二面，雙龍鏡二十三面，三龍鏡六面，四龍鏡三十二面，五龍鏡六面，六龍鏡三面，七龍鏡一面，八龍鏡三面，九龍鏡四面，二十四龍鏡一面。它們或簡潔寫意，或明快粗獷，或靈動活潑，總之多姿多彩，相信會給讀者帶來别樣的藝術享受。根據西漢龍紋鏡的現實存在，本書正文部分對有關稱謂做出統一，對於龍頭與龍爪而言：凡兩者皆明顯者稱"龍"；凡頭部明顯而爪部模糊者稱"螭龍"；凡兩者模糊者稱"螭"；凡兩者不現者稱"虺"。至於在這四個稱謂前，是否加上形容詞"蟠"（即彎曲、盤回、環繞）字，筆者認爲，可不求統一。

本書本着文化傳承的理念，選在壬辰龍年獻給讀者，恭請讀者提出寶貴的意見。

壬辰春

目　録

序言（王綱懷　傅舉有） ………………………………………………… 1
前言（陳燦堂） …………………………………………………………… 1

1	草葉連弧四乳單龍鏡 ……………………………………………… 3
2	連弧四乳單龍鏡 …………………………………………………… 5
3	帶地紋連弧四乳雙龍鏡 …………………………………………… 7
4	帶地紋四乳雙龍鏡（一） ………………………………………… 9
5	帶地紋四乳雙龍鏡（二） ………………………………………… 11
6	帶地紋四乳雙龍鏡（三） ………………………………………… 13
7	四乳雙龍鏡（一） ………………………………………………… 15
8	四乳雙龍鏡（二） ………………………………………………… 17
9	連弧四乳雙龍鏡（一） …………………………………………… 19
10	連弧四乳雙龍鏡（二） …………………………………………… 21
11	連弧四乳雙龍鏡（三） …………………………………………… 23
12	連弧四乳雙龍鏡（四） …………………………………………… 25
13	連弧四乳雙龍鏡（五） …………………………………………… 27
14	連弧四乳雙龍鏡（六） …………………………………………… 29
15	連弧四乳雙龍鏡（七） …………………………………………… 31
16	連弧四乳雙龍鏡（八） …………………………………………… 33
17	連弧四乳雙龍鏡（九） …………………………………………… 35
18	連弧四乳雙龍鏡（十） …………………………………………… 37
19	連弧四乳雙龍鏡（十一） ………………………………………… 39
20	草葉連弧四乳雙龍鏡（一） ……………………………………… 41
21	草葉連弧四乳雙龍鏡（二） ……………………………………… 43
22	博局雙龍鏡 ………………………………………………………… 45
23	簡博連弧四乳雙龍鏡（一） ……………………………………… 47
24	簡博連弧四乳雙龍鏡（二） ……………………………………… 49
25	簡博連弧雙龍鏡 …………………………………………………… 51
26	帶地紋連弧三乳三龍鏡 …………………………………………… 53
27	連弧三乳三龍鏡 …………………………………………………… 55
28	連弧四乳三龍鏡 …………………………………………………… 57

29	雲雷紋連弧三龍鏡	59
30	連弧四乳三龍鏡	61
31	三葉三龍鏡	63
32	帶地紋連弧博局四龍鏡	65
33	帶地紋四乳四龍鏡	67
34	四乳四龍鏡（一）	69
35	四乳四龍鏡（二）	71
36	連弧四乳四龍鏡（一）	73
37	連弧四乳四龍鏡（二）	75
38	連弧四乳四龍鏡（三）	77
39	連弧四乳四龍鏡（四）	79
40	連弧四乳四龍鏡（五）	81
41	連弧四乳四龍鏡（六）	83
42	連弧四乳四龍鏡（七）	85
43	連弧四乳四龍鏡（八）	87
44	連弧四乳四龍鏡（九）	89
45	連弧四乳四龍鏡（十）	91
46	連弧四乳四龍鏡（十一）	93
47	連弧四乳四龍鏡（十二）	95
48	連弧四乳四龍鏡（十三）	97
49	連弧四乳四龍鏡（十四）	99
50	連弧四乳四龍鏡（十五）	101
51	星雲四乳四龍鏡	103
52	簡博四乳四龍鏡	105
53	草葉四乳四龍鏡（一）	107
54	草葉四乳四龍鏡（二）	109
55	草葉四乳四龍鏡（三）	111
56	博局連弧四龍鏡（一）	113
57	博局連弧四龍鏡（二）	115
58	連弧花瓣四乳四龍鏡	117
59	連弧草葉四龍鏡	119

60	抽象圖案連弧四龍鏡（一）	121
61	抽象圖案連弧四龍鏡（二）	123
62	抽象圖案連弧四龍鏡（三）	125
63	抽象圖案連弧四龍鏡（四）	127
64	帶地紋連弧博局五龍鏡	129
65	連弧四乳五龍鏡（一）	131
66	連弧四乳五龍鏡（二）	133
67	連弧四乳五龍鏡（三）	135
68	連弧四乳五龍鏡（四）	137
69	連弧草葉四乳五龍鏡	139
70	連弧四乳六龍鏡（一）	141
71	連弧四乳六龍鏡（二）	143
72	連弧四乳六龍鏡（三）	145
73	連弧四乳七龍鏡	147
74	連弧草葉八龍鏡（一）	149
75	連弧草葉八龍鏡（二）	151
76	連弧草葉八龍鏡（三）	153
77	連弧草葉九龍鏡（一）	155
78	連弧草葉九龍鏡（二）	157
79	連弧草葉九龍鏡（三）	159
80	連弧草葉四乳九龍鏡	161
81	四葉二十四龍鏡	163

鳴謝（陳燦堂） ……………………………………………… 164

草葉連弧四乳單龍鏡龍紋展示

　　中國銅鏡史表明，作爲華夏民族圖騰的龍紋，在銅鏡圖案上源遠流長。唐代多見單龍鏡，宋代多見雙龍鏡。早在其千年之前的西漢，雖是琳琅滿目、多姿多彩，却少見單龍鏡。

　　此鏡以鏡鈕爲龍紋，龍珠、龍爪等要素與其他龍紋鏡相似，唯高高拱起的身形恰似龍身。正因爲如此，若干五龍鏡（如圖66、圖67、圖68、圖69）與九龍鏡（如圖77、圖78、圖79、圖80）的鏡鈕，亦可作同樣的判斷。

圖1 草葉連弧四乳單龍鏡

直徑：9.7厘米，重量：98克，資料來源：上海止水閣

連弧四乳單龍鏡龍紋展示

  此鏡可謂"非同凡響"也！設計者作了大膽的"切割"：龍頭（正面）置於全鏡中心的鏡鈕處來展現；龍身被粗獷地簡化成繩索狀，分段布局在主紋區的四乳之間（不像其他龍紋鏡可做數量之判別而令人疑惑）；龍爪等細部的刻畫皆具象而有力。

  1968年7月，河北滿城中山國靖王劉勝妻竇綰墓出土一面直徑4.8厘米的單龍鏡，詳見河北省文物研究所《歷代銅鏡紋飾》圖18。

圖2 連弧四乳單龍鏡龍紋

直徑：13.7厘米，重量：360克，資料來源：《中拍2011秋拍》5171

帶地紋連弧四乳雙龍鏡龍紋展示

　　西漢龍紋鏡係從戰國蟠螭紋鏡演變而來，在其初始期雖仍保持着原有的地紋與三弦鈕，但龍紋少了糾結、多了奔放，頭部明顯，身形舒展。此時的龍紋重在寫意，似還不急於表達出應有的龍舌、龍角、龍肢、龍爪等龍紋細部。若干四葉蟠螭銘文鏡的蟠螭紋中亦可見龍頭，然因其糾結環繞太多而龍形不明，應稱螭龍爲宜，本書不予列入。此鏡構圖巧妙，綫條自如，給人以愉悦的美感。

圖3 帶地紋連弧四乳雙龍鏡

直徑：15.0厘米，重量：190克，資料來源：《金懋2011春拍》1007

帶地紋四乳雙龍鏡（一）龍紋展示

　　此鏡龍紋粗看與蜥蜴相似，龍爪淡化（僅在右下龍之左肢處見有龍爪）。龍角誇張，形同牛角，因爲構圖所需，一對角皆偏在龍頭之右側。

圖4　帶地紋四乳雙龍鏡（一）

直徑：10.6厘米，重量：119克，資料來源：《鑒耀齊魯》圖057-1

帶地紋四乳雙龍鏡（二）龍紋展示

　　此鏡以乳釘作"珠"，成爲罕見的雙角抱珠龍紋鏡。中國歷代凡有龍紋處，多見伴有珠紋。從唐代始，"摩尼寶珠"説東渡扶桑，影響東亞文化千餘載（詳見《清華大學藏日本和鏡》圖90）。此鏡問世年代在西漢早期，當引起關注。

圖5 帶地紋四乳雙龍鏡（二）

直徑：10.4厘米，重量：133克，資料來源：上海止水閣藏

帶地紋四乳雙龍鏡（三）龍紋展示

此鏡龍紋設計極富想象力：其一，龍角長度超過半個龍身；其二，龍口大張，作吞珠（乳釘）狀，龍齒鋒利；其三，龍肢由兩對改爲罕見的一對，且取碩長造型，具有張力。其四，前龍之尾與後龍之角勾連。

圖6　帶地紋四乳雙龍鏡（三）

直徑：9.6厘米，重量：69克，資料來源：《華夏2010春拍》2762

四乳雙龍鏡（一）龍紋展示

在西漢龍紋鏡中，四乳雙龍鏡占有一定的存世量。此鏡特點在於穿乳釘而過的獨角，其表面帶有猶同羚羊角的環狀紋。

圖7 四乳雙龍鏡（一）

直徑：10.6厘米，重量：122克，資料來源：《嘉德2011春拍》839

四乳雙龍鏡（二）龍紋展示

此鏡構圖較爲抽象，重在寫意。帶有雙角的龍頭好像牛頭，與本書圖18、圖19相比，三鏡構圖特點與手法基本類似，有可能出自同一作坊或是同一地區。

圖8　四乳雙龍鏡（二）

直徑：8.5厘米，重量：62克，資料來源：臺北一雅堂藏

連弧四乳雙龍鏡（一）龍紋展示

　　此鏡主要特點在於其明顯的不對稱：左龍短右龍長；兩龍後肢錯位尺度有別；兩龍尾部彎曲方向不同；右龍尾部乾乾淨淨，左龍尾部多有弧綫。另一特點是龍頭下方出現少見的龍鬚。

圖9 連弧四乳雙龍鏡（一）

直徑：13.3厘米，重量：174克，資料來源：臺北一雅堂藏

連弧四乳雙龍鏡（二）龍紋展示

圖8鏡爲整體不對稱，此鏡是局部不對稱（如尾部位置與弧度）。未知漢代工匠有意而爲之，還是別的什麼原因（如標記）。此鏡有趣之處在於兩個前肢位於龍身同一側，這需要豐富的想象力。

圖10 連弧四乳雙龍鏡(二)

直徑:10.3厘米,重量:104克,資料來源:臺北一雅堂藏

連弧四乳雙龍鏡（三）龍紋展示

　　此鏡特點：龍身極長且左右搖擺，其形態似有蛇的感覺。龍身正視，龍頭側視，龍口大開。

圖11 連弧四乳雙龍鏡（三）

直徑：11.4厘米，重量：244克，資料來源：《嘉德2009春拍》4725-2

連弧四乳雙龍鏡（四）龍紋展示

此鏡雙龍布局有四平八穩之感。龍身上下皆有小塊的雲紋節點連接，喻意着龍翔天空。

圖12 連弧四乳雙龍鏡（四）

直徑：11.2厘米，重量：112克，資料來源：《嘉德2011春拍》852-1

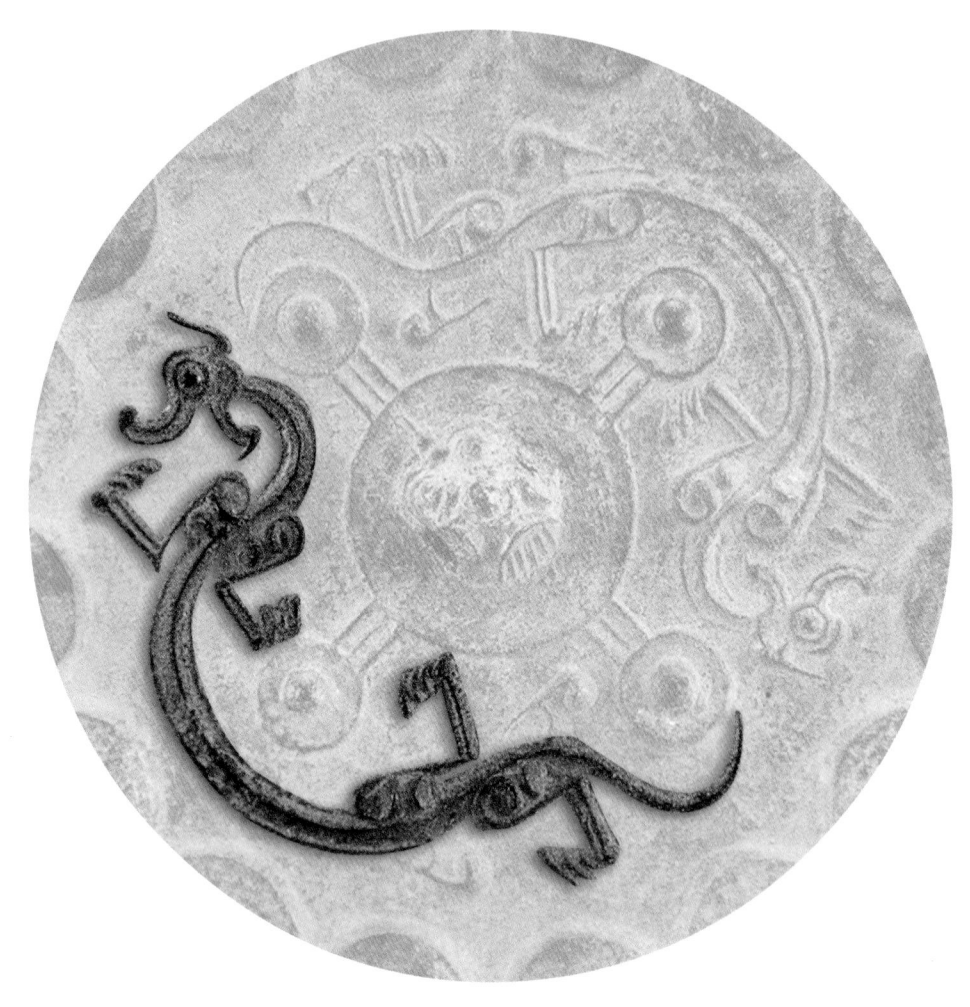

連弧四乳雙龍鏡（五）龍紋展示

此鏡雲紋節點與上鏡相比有異曲同工之妙，祇是長度稍短且少了搖擺，龍頭簡化而生動，多加了一小段龍角。

圖13　連弧四乳雙龍鏡（五）

直徑：10.5厘米，資料來源：《東方2006夏拍》287

連弧四乳雙龍鏡（六）龍紋展示

此鏡特點：其一，龍身很長；其二，龍肢較短；其三，龍角的頂端處呈放大（散開）狀。

圖14 連弧四乳雙龍鏡（六）

直徑：10.2厘米，重量：110克，資料來源：《正德2006春拍》288

連弧四乳雙龍鏡（七）龍紋展示

　　自戰國至西漢，銅鏡的邊緣連弧數幾乎就是一個自然數的連續，從十至三十一個連弧可說沒有間斷。而在西漢龍紋鏡中，邊緣連弧數幾乎祇有十六連弧，少有例外（圖64是二十四連弧）。

圖15 連弧四乳雙龍鏡（七）

直徑：10.2厘米，重量：90克，資料來源：臺北一雅堂藏

連弧四乳雙龍鏡（八）龍紋展示

此鏡龍頭碩大且與前肢距離很近，僅看龍頭與前肢時，形似小狗狀。

圖16　連弧四乳雙龍鏡（八）

直徑：10.0厘米，重量：78克，資料來源：《中博2008春拍》0714

連弧四乳雙龍鏡（九）龍紋展示

此鏡與上鏡之龍紋，皆爲經典之作，祇是比例不同而已。

圖17 連弧四乳雙龍鏡（九）

直徑：10.0厘米，重量：88克，資料來源：臺北一雅堂藏

連弧四乳雙龍鏡（十）龍紋展示

此鏡特點：龍頭誇張，龍鼻碩大，龍角似牛，龍肢簡潔。或許設計者將其所愛之牛頭形象，融入到了圖案之中。一言蔽之，此鏡圖案好似一幅童趣很濃的漫畫，讓人過目不忘。

圖18　連弧四乳雙龍鏡（十）

直徑：9.7厘米，重量：100克，資料來源：臺北一雅堂藏

連弧四乳雙龍鏡（十一）龍紋展示

　　此鏡圖面完全用綫條勾勒，幾乎是圖18的翻版，又比圖18更加誇張。此鏡與圖8、圖18三鏡的構圖特點與手法基本類似，有可能出自同一作坊或是同一地區。

圖19　連弧四乳雙龍鏡（十一）

直徑：8.4厘米，重量：59克，資料來源：《祥雲2011秋拍》2047

草葉連弧四乳雙龍鏡（一）龍紋展示

　　從此鏡凹面方框以外部分來看，當爲典型的早期草葉紋鏡，結合框內雙龍與高聳獸鈕，使之成爲西漢龍紋鏡的一種特殊形式。
　　龍口張開，龍齒鋒利，龍角誇張，龍舌未現。構圖上因受布局所限，省略了右後肢。龍尾綿長，多有環繞。

圖20 草葉連弧四乳雙龍鏡（一）

直徑：18.5厘米，重量：690克，資料來源：上海止水閣藏

草葉連弧四乳雙龍鏡（二）龍紋展示

此鏡特點：其一，龍身短，龍頸長，龍尾長；其二，龍舌穿乳釘而過；其三，龍紋、乳釘、草葉加在一起幾乎占滿了所有的空間，既感飽滿，又覺擁擠。

圖21 草葉連弧四乳雙龍鏡（二）

直徑：13.8厘米，重量：320克，資料來源：臺北一雅堂藏

博局雙龍鏡龍紋展示

　　此鏡構圖奇特：在博局紋布局的8個空間內，上下四個空間各置一龍，龍爪伸入銘文方框；左右四個空間內各置四虺。龍身正視，龍頭側視，龍舌伸長穿龍身而過。九字銘文連讀爲："見之光，長壽，日月之明。"

圖22　博局雙龍鏡

直徑：13.8厘米，重量：281克，資料來源：《嘉德2011春拍》820

簡博連弧四乳雙龍鏡（一）龍紋展示

　　此鏡十分有趣，整個龍紋構圖呈現明顯的不對稱。全鏡八個空間：正上一龍佔二個空間，龍身穿乳釘而過，左下一龍佔二個空間，頭部因銹蝕而不夠清晰，然仍可看到龍頭的大致輪廓；左上虺紋佔一個空間，右側與右下一組虺紋佔了三個空間。

　　此展示之龍紋僅現一角，成爲西漢龍紋鏡中的特例。

圖23　簡博連弧四乳雙龍鏡（一）

直徑：13.7厘米，重量：202克，資料來源：臺北一雅堂藏

簡博連弧四乳雙龍鏡（二）龍紋展示

　　此鏡表現龍角抱珠（乳釘），却過於誇張，以致龍頭部分有所失真，祇看龍頭時，已不可辨認。

圖24 簡博連弧四乳雙龍鏡（二）

直徑：10.1厘米，重量：90克，資料來源：臺北一雅堂藏

簡博連弧雙龍鏡龍紋展示

此鏡極具特色：從龍舌經龍身至龍尾，一根曲綫一以貫之。可謂：簡潔、流暢、活潑、生動。其龍頭、龍肢、龍爪都比較寫實。

圖25　簡博連弧雙龍鏡

直徑：10.0厘米，重量：80克，資料來源：臺北一雅堂藏

帶地紋連弧三乳三龍鏡龍紋展示

　　此鏡年代與圖3鏡相近，亦處西漢龍紋鏡的初始期。在西漢龍紋鏡類的常見品種中，四龍最多，雙龍次之，三龍、五龍、六龍較少，八龍、九龍稀少，十三龍與二十四龍罕見。

　　此鏡龍紋同樣重在寫意，而不見龍舌、龍角、龍肢、龍爪等細部。龍身和龍尾的糾結纏繞程度遠多於圖3鏡，似有復古戰國鏡的意味。開口很大的簡化龍頭隱於龍身之中。

圖26 帶地紋連弧三乳三龍鏡

直徑：11.5厘米，重量：184克，資料來源：《嘉德2011秋拍》28

連弧三乳三龍鏡龍紋展示

　　此鏡上部龍頭無舌，右下與左下皆有龍舌伸至鈕座邊。龍紋四肢比例較大，顯示出強壯有力的效果。龍角部分比較誇張。

圖27 連弧三乳三龍鏡

直徑：10.3厘米，重量：100克，資料來源：臺北一雅堂藏

連弧四乳三龍鏡龍紋展示

此鏡四乳三龍屬罕見器物，主紋呈現明顯的不對稱布局。左上龍紋飾獨立且沒有穿插，右上龍之尾部穿越下龍。因布局所限，下部龍紋省略了左肢。三龍中僅右上龍有龍舌，其他兩龍皆不見龍舌。此鏡構圖有著不對稱的異樣風情。

圖28　連弧四乳三龍鏡

直徑：10.2厘米，重量：76克，資料來源：臺北一雅堂藏

雲雷紋連弧三龍鏡龍紋展示

　　此鏡紋飾由內而外可分為七圈：1、凹面方框；2、帶4朵雲紋之凸弦紋；3、三龍紋；4、凸弦紋；5、十六內向連弧紋；6、非等分之十三連弧雲雷紋；7、十六內向連弧紋緣。

　　此鏡三龍紋位於四雲紋之外，成為一種明顯的不對稱布局。龍角簡化，龍舌省略，每一龍之尾尖皆接於後龍之口。龍形呈稚態，別具情趣。

圖29 雲雷紋連弧三龍鏡

直徑：13.7厘米，重量：246克，資料來源：《嘉德2009秋拍》5699

連弧四乳三龍鏡龍紋展示

　　此鏡屬三龍鏡的特殊形式，如同圖1之判別，鏡鈕亦爲一龍。龍紋展示中的龍身還算明顯，然龍頭部分已趨淡化，且有節點突出現象，呈現出龍紋鏡向星雲鏡過渡的趨勢。《長安漢鏡》第76頁有載："元狩五年（公元前118年）前後開始製作星雲鏡的推斷，基本可以成立。"此鏡年代當在武帝元狩五年之前。

圖30 連弧四乳三龍鏡

直徑：11.3厘米，重量：198克，資料來源：臺北一雅堂藏

三葉三龍鏡龍紋展示

本書圖81的龍紋數量（24個）最多，此鏡龍紋最是碩大、最爲具象。鏡面紋飾之龍身穿越山嶺，在本頁龍紋展示中，爲表現龍紋的完整，而有意"忽略"了山嶺。

鏡銘係昭明、清白重圈銘文，共計七十二字。其內圈昭明銘二十四字："內清質以昭明，光輝象夫日月，心忽穆而願忠，然壅塞而不徹。"其外圈清白銘四十八字："絜精白而事君，愻汙驩之弇明，彼玄錫之流澤，恐疏遠而日忘，懷糜美之窮皚，外承驩之可說，慕窈窕之靈景，願永思而毋絕。"

此鏡內圈銘文末字爲"徹"，當是漢武帝劉徹即位（建元元年，公元前140年）前尚未避諱"徹"字之器物，具有重大的歷史文化價值。

圖31　三葉三龍鏡

直徑：18.5厘米，重量：424克，資料來源：《古鏡今照》圖44

帶地紋連弧博局四龍鏡龍紋展示

　　此鏡龍紋布局十分奇特，在博局紋形成的八個空間内，采用完全不對稱的手法，布置四龍：上方呈現二龍頭（左右各一），下方有一龍頭（在右側），左方有一龍頭（在下側），右方無龍頭（即魑紋）。本圖展示之局部爲上方右側，除龍頭與前肢可見外，龍身的后半部分全部隱於鏡中。

　　全銘十五個字，逆時針向連讀爲："大樂貴富得所好，千秋萬歲，延年益壽。"了解西漢銘文鏡的人都知道，此銘見於此鏡罕見。

圖32　帶地紋連弧博局四龍鏡

直徑：16.5厘米，重量：333克，資料來源：《漢銘齋藏鏡》圖23

帶地紋四乳四龍鏡龍紋展示

　　此鏡龍珠碩大，龍角上翹，形似貓狗臉。其總體感覺與圖4鏡相近，皆屬西漢早期器物。

圖33 帶地紋四乳四龍鏡

直徑：8.0厘米，重量：52克，資料來源：臺北一雅堂藏

四乳四龍鏡（一）龍紋展示

　　四乳四龍鏡是西漢龍紋鏡存世量最多的鏡類。此鏡構圖新穎，每條龍的頭部高高在上，龍身與龍肢四平八穩，呈現出一種高貴氣質。

圖34　四乳四龍鏡（一）

直徑：15.7厘米，重量：380克，資料來源：《中拍2010春拍》1020

四乳四龍鏡（二）龍紋展示

　　此鏡龍身一改其他諸鏡的綫條狀而成寫實圖案，與新莽、東漢的龍紋已較相近，如做拓片時，會有剪紙效果。

圖35 四乳四龍鏡（二）

直徑：11.0厘米，重量：260克，資料來源：《嘉德2009秋拍》5702

連弧四乳四龍鏡（一）龍紋展示

　　此鏡龍紋當是西漢龍紋鏡的經典之作：構圖勻稱，布局合理。龍口大開，龍齒銳利。龍爪突出，剛健有力。

圖36　連弧四乳四龍鏡（一）

直徑：17.0厘米，資料來源：《中國青銅器全集·16》圖40

連弧四乳四龍鏡（二）龍紋展示

此鏡與圖36鏡大同小異，彼鏡龍身下凹，此鏡龍身上凸。

圖37　連弧四乳四龍鏡（二）

直徑：12.6厘米，重量：387克，資料來源：《嘉德2005秋拍》5369

連弧四乳四龍鏡（三）龍紋展示

此鏡與圖36鏡略同，祇是龍身與龍尾略有加長。

龍是圖騰，并不實際存在。廣義而言，龍紋都是抽象的。狹義而言，作爲一種圖案，祇要在總體上具備了龍珠、龍舌、龍身、龍尾、龍肢、龍爪等龍紋要素，就可以認爲是具象的。

圖38　連弧四乳四龍鏡（三）

直徑：15.5厘米，重量：500克，資料來源：《中拍2011秋拍》5056

連弧四乳四龍鏡（四）龍紋展示

　　此鏡稍有變化：龍舌伸長與乳釘連接，右後龍爪與龍尾重叠。在狹小的空間裏塞滿了圖案，既飽滿又擁擠。

圖39　連弧四乳四龍鏡（四）

直徑：14.2厘米，重量：400克，資料來源：《金懋2010秋拍》1121

連弧四乳四龍鏡（五）龍紋展示

此鏡與圖39鏡略同，加上了諸多雲紋節點後，圖案更加擁擠。

圖40　連弧四乳四龍鏡（五）

直徑：14.0厘米，重量：230克，資料來源：《金懋2010春拍》1170

連弧四乳四龍鏡（六）龍紋展示

此鏡龍紋布局奔放，剛健有力。突出處在於其龍舌，由內而外逐漸變粗，且與龍尾連接。

圖41　連弧四乳四龍鏡（六）

直徑：13.9厘米，重量：392克，資料來源：臺北一雅堂藏

連弧四乳四龍鏡（七）龍紋展示

此鏡特點：
1、總體布局上下兩組，每組兩龍，龍尾相連；
2、每龍頭部皆作簡化，以龍珠爲中心，一側龍角，另一側龍口；
3、龍身中祇保留前肢，省略了後肢；
4、重點突出側健有力的一個前肢。

圖42　連弧四乳四龍鏡（七）

直徑：13.7厘米，重量：250克，資料來源：《西安文物精華》圖13

連弧四乳四龍鏡（八）龍紋展示

此鏡特點：

1、龍頭雙角，且帶環狀紋，有羚羊角之感；

2、布局所限，縮小了左後肢（省略了腿部），似爲殘肢，成美中不足。

圖43　連弧四乳四龍鏡（八）

直徑：13.7厘米，重量：180克，資料來源：《故宮收藏・銅鏡》圖20

連弧四乳四龍鏡（九）龍紋展示

此鏡龍紋當爲經典之作，唯尾部穿乳釘而過，成爲特色。

圖44 連弧四乳四龍鏡（九）

直徑：13.6厘米，重量：202克，資料來源：臺北一雅堂藏

連弧四乳四龍鏡（十）龍紋展示

此鏡特點：
1、龍肢收緊，龍身搖擺，似有准備騰飛之感覺；
2、龍角曲綫優雅，龍舌與前肢相接，龍尾彎曲環繞；
3、銘文方框內八字連讀："願長相思，久毋見忘。"

圖45 連弧四乳四龍鏡（十）

直徑：15.9厘米，重量：186克，資料來源：《漢銘齋藏鏡》圖45

連弧四乳四龍鏡（十一）龍紋展示

　　此鏡可謂"大寫意"也！工匠（或藝術家）用省略前肢的簡潔手法，描繪了龍紋的生機與靈動，值得借鑒。龍肢向下時，與圖72相似，呈現出水鳥態。

圖46　連弧四乳四龍鏡（十一）

直徑：12.0厘米，重量：281克，資料來源：上海止水閣藏

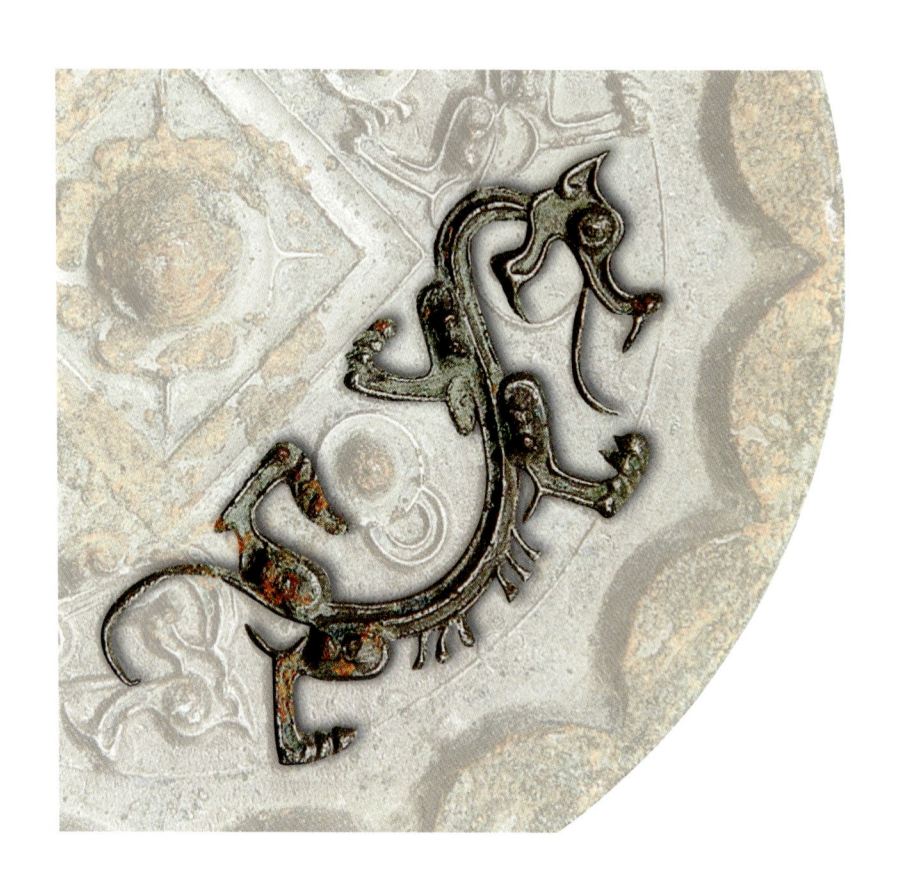

連弧四乳四龍鏡（十二）龍紋展示

此鏡龍身粗壯，龍頭清晰，亦屬經典之作。

圖47　連弧四乳四龍鏡（十二）

直徑：11.4厘米，重量：210克，資料來源：《嘉德2009春拍》4725-1

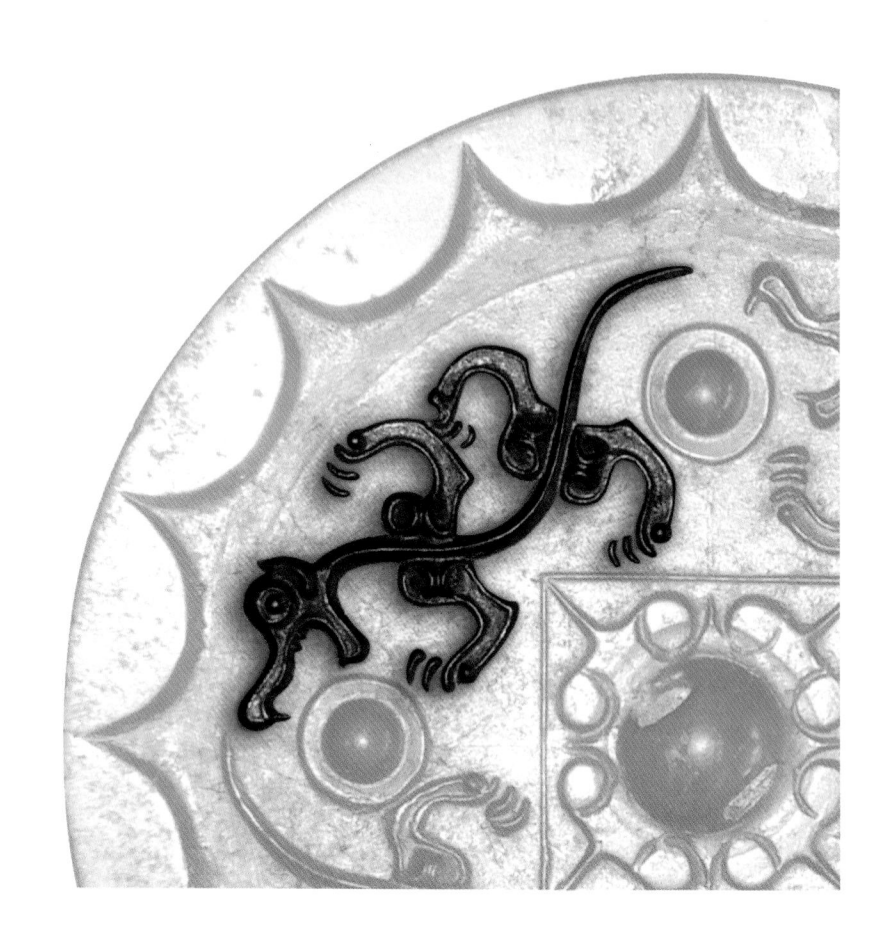

連弧四乳四龍鏡（十三）龍紋展示

此鏡與圖69鏡兩圖龍紋呈現明顯的稚態。此圖爲爬行狀，圖69是匍匐狀，皆誘人喜愛。

圖48 連弧四乳四龍鏡（十三）

直徑：11.4厘米，重量：112克，資料來源：臺北一雅堂藏

連弧四乳四龍鏡（十四）龍紋展示

此鏡龍紋當係經典之作，龍頭、龍肢同一方向，似作爬行狀。

圖49　連弧四乳四龍鏡（十四）

直徑：11.4厘米，資料來源：樋口隆康《古鏡·圖錄》圖39

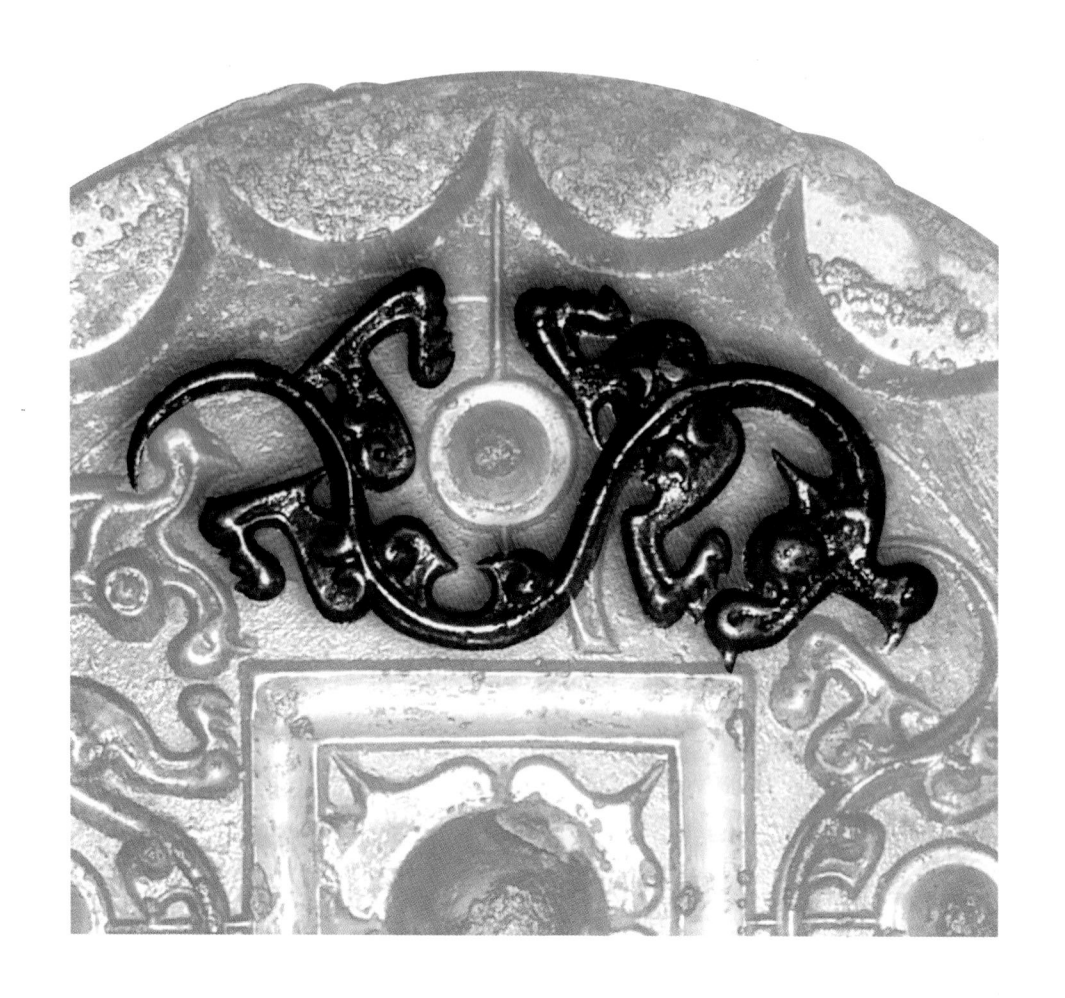

連弧四乳四龍鏡（十五）龍紋展示

　　此鏡四龍，首尾相連，似爲一個整體。每龍頭部皆后仰且張開大口，其龍尾皆與後龍之下頜處連接。

圖50　連弧四乳四龍鏡（十五）

直徑：11.2厘米，重量：160克，資料來源：臺北一雅堂藏

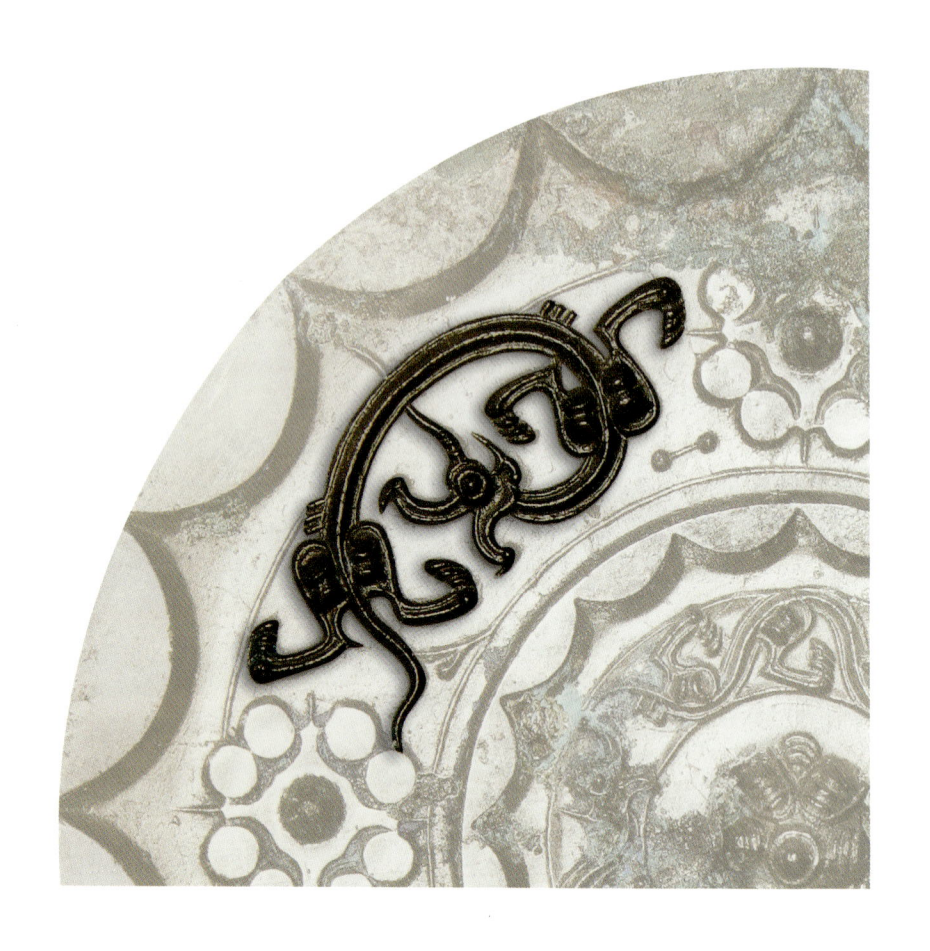

星雲四乳四龍鏡龍紋展示

　　此鏡龍紋邊有"星雲"圖案，雖很小却罕見，故鏡名中有"星雲"之說。鈕座外似有雙龍環繞，因爲頭部銹蝕而不能辨認，所以此鏡不稱六龍而仍謂四龍。龍身後部，似有壁虎、蜥蜴之感覺。

圖51 星雲四乳四龍鏡

直徑：13.2厘米，重量：660克，資料來源：《金懋2011春拍》1169

簡博四乳四龍鏡龍紋展示

　　此鏡特點：龍紋具稚態；因布局所限，省略了右前肢之全部以及左前肢之腿部；龍尾穿簡博紋而過。

圖52　簡博四乳四龍鏡

直徑：11.5厘米，重量：131克，資料來源：《嘉德2005春拍》5727

草葉四乳四龍鏡（一）龍紋展示

此鏡龍紋爲經典之作，龍舌與乳釘相接。

圖53　草葉四乳四龍鏡（一）

直徑：13.7厘米，重量：328克，資料來源：臺北一雅堂藏

草葉四乳四龍鏡（二）龍紋展示

此鏡龍頭碩大，龍口張開作吞珠（乳釘）狀，龍舌伸長穿乳釘而過。

圖54　草葉四乳四龍鏡（二）

直徑：13.7厘米，重量：249克，資料來源：《嘉德2010春拍》7129

草葉四乳四龍鏡（三）龍紋展示

此鏡龍紋爲經典之作，龍角、龍舌、龍尾皆有誇張的姿態。

圖55　草葉四乳四龍鏡（三）

直徑：13.7厘米，重量：248克，資料來源：上海雙華軒藏

博局連弧四龍鏡（一）龍紋展示

在博局龍紋鏡中，此鏡龍紋所占比例明顯較大。龍紋上身抬起，生機盎然，可謂"雄糾糾、氣昂昂"也！龍舌與龍尾皆彎曲、環繞。

圖56 博局連弧四龍鏡（一）

直徑：16.3厘米，重量：480克，資料來源：《金懋2011春拍》1080

博局連弧四龍鏡（二）龍紋展示

龍身皆被T紋分成兩段，龍舌尖端伸入L紋之中，龍尾穿越V紋而過。此鏡利用空間的設計有其高明之處。

圖57　博局連弧四龍鏡（二）

直徑：13.7厘米，重量：326克，資料來源：臺北一雅堂藏

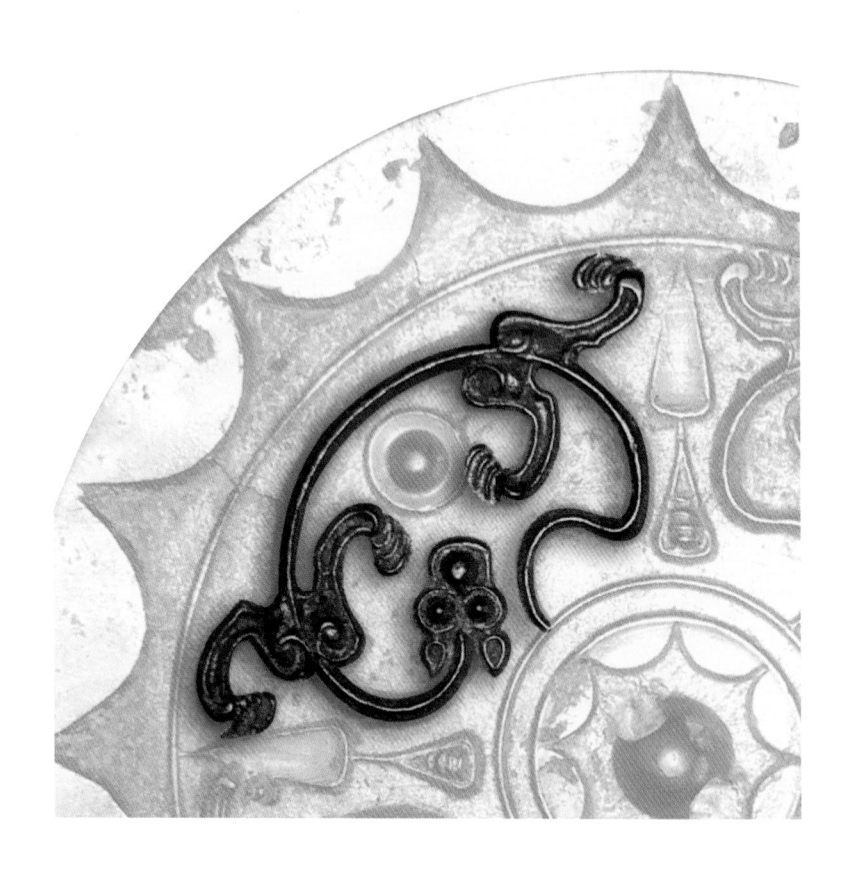

連弧花瓣四乳四龍鏡龍紋展示

　　此鏡整體好似蜥蜴，奇特之處在於上視的龍頭。兩個龍角似小狗小貓的耳朵，龍珠、龍鼻用三個圓點表示，出現了童話故事或是兒童塗鴉般的童趣圖案。無論是中國還是外國，無論是今人還是古人，都喜歡童趣的感覺。

圖58 連弧花瓣四乳四龍鏡

直徑：13.5厘米，重量：186克，資料來源：臺北一雅堂藏

連弧草葉四龍鏡龍紋展示

　　此鏡與圖58鏡相似，亦爲童趣味濃厚的一面龍紋鏡。因布局所限，其中一耳朵完全彎曲，更顯憨態。大膽猜想：此鏡在當年或許就是爲兒童專用所設計。

圖59 連弧草葉四龍鏡

直徑：11.5厘米，重量：178克，資料來源：臺北一雅堂藏

抽象圖案四龍鏡（一）龍紋展示

此鏡采取抽象化的設計理念，僅以前視方向的龍角、龍珠、龍鼻以及前肢來表示龍紋的圖像。尤爲奇特的是可見龍鬚。

圖60 抽象圖案連弧四龍鏡（一）

直徑：9.9厘米，重量：104克，資料來源：上海止水閣藏

抽象圖案連弧四龍鏡（二）龍紋展示

　　此鏡的抽象化概念極強，僅以龍珠、龍鼻、龍爪這三個部件來表示龍紋。由花瓣紋與銘文內容可知，此鏡年代應在西漢早中期之際。銘文內容八字連讀："見日之光，天下大明。"

圖61 抽象圖案連弧四龍鏡（二）

直徑：10.1厘米，重量：80克，資料來源：臺北一雅堂藏

抽象圖案連弧四龍鏡（三）龍紋展示

　　此鏡比圖60、圖61鏡的設計理念更加抽象，僅以圖案化的龍角、龍珠、龍爪來表達龍紋的概念，并且以草葉的中心綫條代表龍鼻。若不說龍紋兩字，或許完全想象不出原有的設計意圖。可謂標新立異，別具匠心！

圖62　抽象圖案連弧四龍鏡（三）

直徑：10.2厘米，重量：92克，資料來源：臺北一雅堂藏

抽象圖案連弧四龍鏡（四）龍紋展示

　　現代抽象主義問世僅百余年，首先產生於上世紀初的俄國，後來流行於西歐和美國，主要以點、綫、面、塊或色彩等抽象形式并加以組合，表現出一種抽象美。殊不知，早在兩千年前中國的西漢中期，就有了這種古代的抽象美。

圖63 抽象圖案連弧四龍鏡（四）

直徑：9.6厘米，重量：79克，資料來源：上海止水閣藏

帶地紋連弧博局五龍鏡龍紋展示

此鏡有多處與衆不同：

1、除了鏡鈕之龍紋外，TLV構圖造成的八個空間内，對稱布局四龍四虺；

2、邊緣連弧數爲二十四（一般祇見16）；

3、龍身彎曲，致使左側前爪與後爪相握，頗有情趣；

4、銘文方框内十二字連讀爲："長相思，毋相忘，常貴富，樂未央。"

5、鏡面有雲雷狀地紋，表明其年代應在西漢早期。

圖64　帶地紋連弧博局五龍鏡

直徑：18.4厘米，重量：870克，資料來源：千石唯司《中國王朝之粹》圖51

連弧四乳五龍鏡（一）龍紋展示

　　五龍鏡多見鏡鈕本身爲龍紋（圖1有説明）。此鏡亮點在於鈕座：由圖可知，穿越并圍繞着鏡鈕的鈕座内，飾有上視方向的蟠龍，龍紋要素齊全。可以説，此鏡應是五龍鏡的標准器。

圖65　連弧四乳五龍鏡（一）

直徑：13.8厘米，重量：320克，資料來源：《中拍2010秋拍》8023

連弧四乳五龍鏡（二）龍紋展示

　　此鏡龍紋布局頗具新意，采取了不尋常的設計：一對前肢與一對後肢皆位於龍身的同一側。

　　相對而言，此鏡的龍身較短，龍頭與龍肢的比例都顯得粗壯，亦出現"稚態"的感覺，令人耳目一新！

圖66　連弧四乳五龍鏡（二）

直徑：11.5厘米，重量：290克，資料來源：《西安文物精華》圖16

連弧四乳五龍鏡（三）龍紋展示

此鏡係在兩周十六連弧紋內，飾以四龍。龍身較細，突出綫條美。

圖67 連弧四乳五龍鏡（三）

直徑：16.0厘米，重量：541克，資料來源：《嘉德2005秋拍》5344

連弧四乳五龍鏡（四）龍紋展示

此鏡特點：
1、龍舌超長，且穿龍身而過；
2、或爲空間所限，省略了後肢；
3、前肢較長，其中一肢與龍尾相連，且有突出的空間感；
4、銘文方框内八字連讀："見日之光，長樂未央。"

圖68　連弧四乳五龍鏡（四）

直徑：14.0厘米，重量：417克，資料來源：《嘉德2011春拍》834

連弧草葉四乳五龍鏡龍紋展示

　　此鏡與圖48鏡相比，"稚態化"更加明顯：龍身貼地，前肢外伸，龍尾上翹，後肢蹲地，龍頭回望，龍口微開，一派怡然自得、親昵呼喚的幼龍形態。或許此圖原來就由兒童創作，經工匠稍作調整後列入設計樣稿。

　　鈕區圖案似獸似龍，若可認作龍紋時，則此鏡可稱五龍鏡。

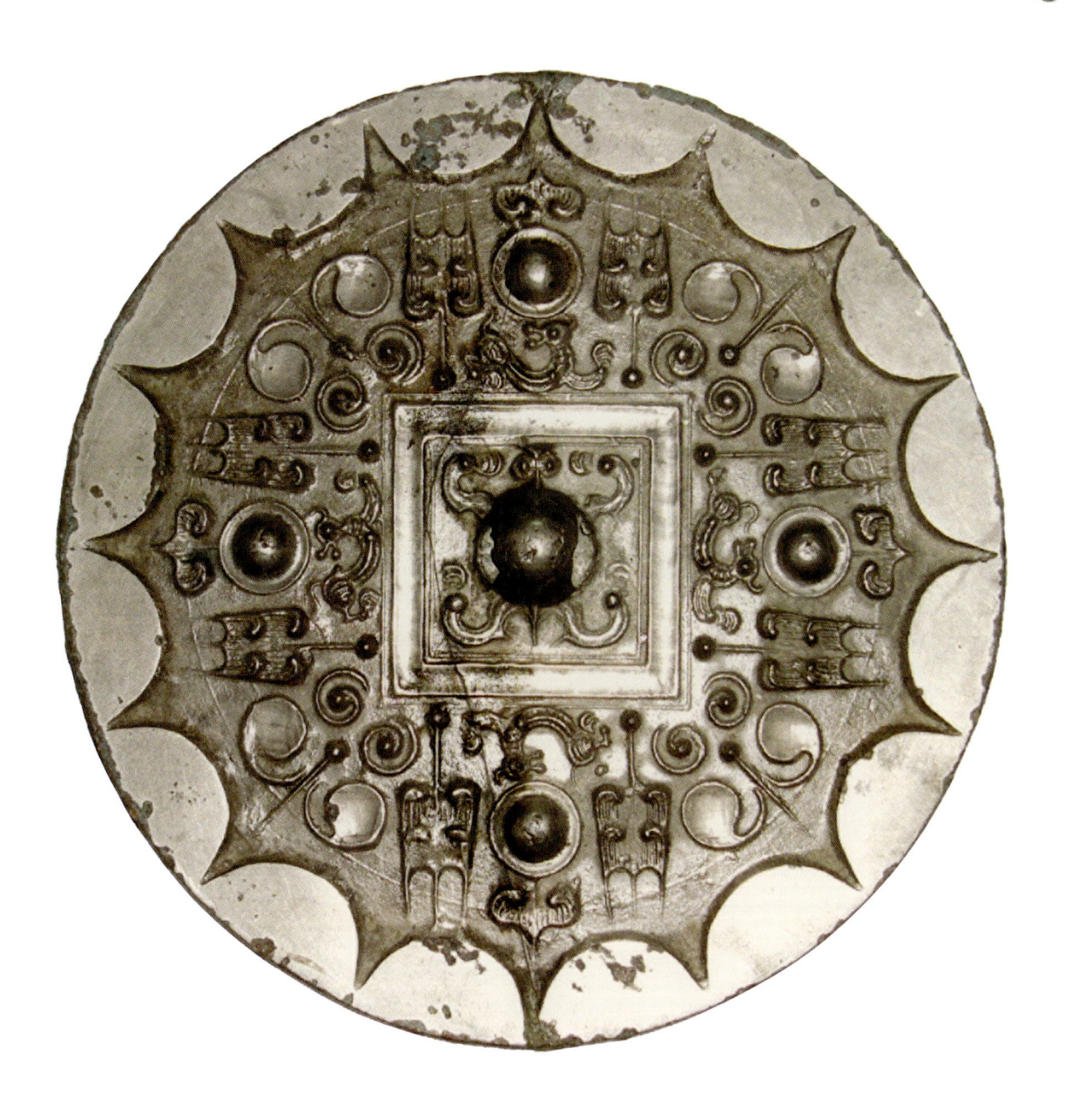

圖69 連弧草葉四乳五龍鏡

直徑：13.9厘米，重量：282克，資料來源：臺北一雅堂藏

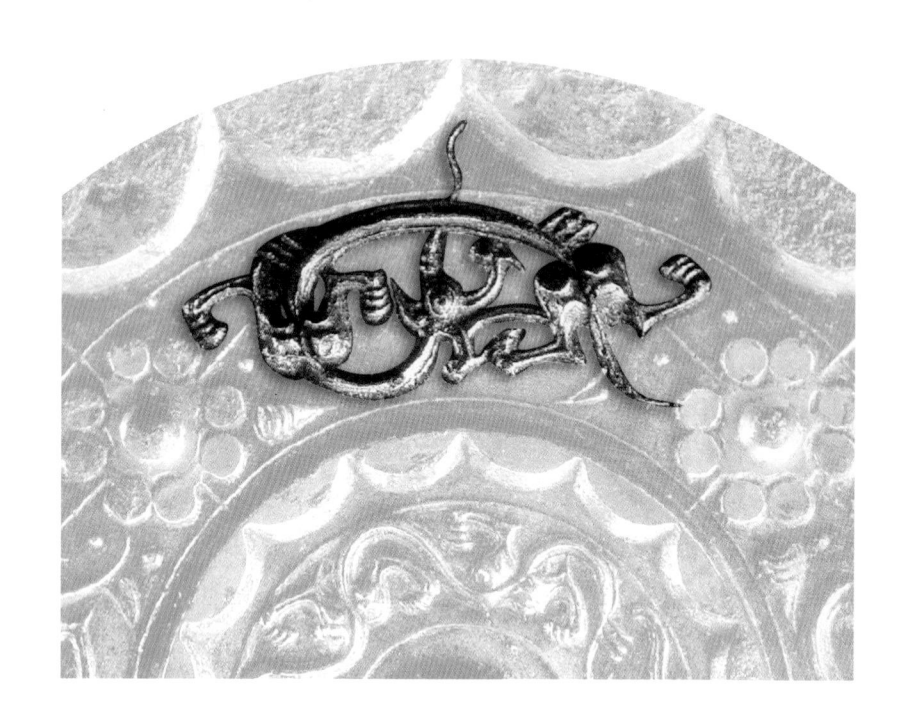

連弧四乳六龍鏡（一）龍紋展示

此鏡主紋四龍，鈕區兩龍，故稱六龍鏡。在狹小的空間裏，充分展示了龍紋的各個部位。因爲"擁擠"，龍頭被"硬塞"在前肢與後肢之間，龍舌伸至後肢，龍角穿越龍身。

圖70　連弧四乳六龍鏡（一）

直徑：18.9厘米，重量：710克，資料來源：《西安文物精華》圖15

連弧四乳六龍鏡（二）龍紋展示

此鏡鈕區龍紋較大，龍爪更顯突出，故局部龍紋展示即取自鈕區。龍身舒展，龍爪壯碩。因布局所限，省略龍尾與一個前肢。

圖71 連弧四乳六龍鏡（二）

直徑：14.0厘米，重量：408克，資料來源：《嘉德2011春拍》822

連弧四乳六龍鏡（三）龍紋展示

　　此鏡龍紋既有新意又有趣味：制作者將龍紋設計成了鳥形，若不看龍頭與龍尾，幾乎就是一隻長脚的水鳥（鶴或鸛），龍身帶環狀節紋比較少見，龍齒又尖又長。

　　鏡鈕處二個龍頭相擁而飾，加之主紋四龍，故稱謂"六龍鏡"。

圖72　連弧四乳六龍鏡（三）

直徑：13.8厘米，重量：305克，資料來源：《嘉德2011春拍》833

連弧四乳七龍鏡龍紋展示

　　此鏡由鏡鈕與兩周十六連弧紋將鏡面分成內外兩區。內區三條小龍曲頸回首、頭尾相連，龍身以連續節點作展示手法；外區四個帶座乳釘間隔著四條龍身大幅彎曲的龍紋。

　　此鏡七個龍紋的出現，使西漢龍紋鏡的龍紋數在本書中，聚全了一至九的九個數字，可謂是功德圓滿。

圖73 連弧四乳七龍鏡

直徑：16.3厘米，重量：667克，資料來源：《翰海2012春拍》圖1826

連弧草葉八龍鏡（一）龍紋展示

此鏡龍紋布局新穎、別致，上下左右各置龍身相接的雙龍。保留龍頭與前肢，省略後肢。龍尾插入草葉，形似"孔雀開屏"。

圖74 連弧草葉八龍鏡（一）

直徑：13.5厘米，資料來源：樋口隆康《古鏡·圖錄》圖40

連弧草葉八龍鏡（二）龍紋展示

此鏡銘文內容十六字連讀爲："必忠必信，久而必親，不信不忠，久而自窮。"

圖75 連弧草葉八龍鏡（二）

直徑：18.2厘米，重量：529克，資料來源：《漢銘齋藏鏡》圖75

連弧草葉八龍鏡（三）龍紋展示

　　此鏡是上鏡的同類器物，布局類似，風格相同，因尺寸偏小而省略銘文。圖75鏡是漢尺八寸，此鏡爲漢尺六寸。

圖76 連弧草葉八龍鏡（三）

直徑：13.9厘米，重量：214克，資料來源：臺北一雅堂藏

連弧草葉九龍鏡（一）龍紋展示

八龍鏡之布局多以雙龍之間夾一草葉爲設計圖案。此鏡龍紋布局與圖74相似，突出龍頭與前肢，同樣省略後肢，唯尾部與鄰區的另一龍尾相連。銘文内容十六字連讀爲："見日之光，服者君卿，千秋萬歲，願毋相忘。"

圖77 連弧草葉九龍鏡（一）

直徑：20.2厘米，重量：730克，資料來源：《清華銘文鏡》圖19

連弧草葉九龍鏡（二）龍紋展示

　　此鏡與圖75鏡風格相仿，布局類似。銘文内容二十字連讀爲："鏡以仙行，服者君卿，所言必當，千秋萬歲，長毋相忘。"

圖78 連弧草葉九龍鏡（二）

直徑：20.0厘米，重量：769克，資料來源：《南陽出土銅鏡》圖版40-1

連弧草葉九龍鏡（三）龍紋展示

　　此鏡爲八龍鏡的小型器物。本書圖75、圖76爲漢尺九寸鏡，圖77爲漢尺八寸鏡，圖78爲漢尺六寸鏡，此鏡僅漢尺五寸。由此可知，連弧草葉八龍鏡有一個比較完整的尺寸系列。

圖79 連弧草葉九龍鏡（三）

直徑：11.4厘米，重量：154克，資料來源：臺北一雅堂藏

連弧草葉四乳九龍鏡龍紋展示

全鏡由凹面方框分成內外兩區。內區一龍，龍頭紋飾見於鏡鈕。外區八龍分成四組，每組皆以乳釘爲中心，雙龍相對。龍頭碩大，龍舌長卷。因布局所限，龍身、龍肢、龍尾等均作簡化或省略。

曾見博局紋十三龍鏡：TL紋兩側空間處各一龍，共八龍，L紋中間再有一小龍，共四龍，鏡鈕處爲一龍，總數爲十三龍。本書所納有限，免贅述。

圖80　連弧草葉四乳九龍鏡

直徑：16.0厘米，重量：490克，資料來源：《中拍2010春拍》1019

四葉二十四龍鏡龍紋展示

　　此鏡可謂單鏡龍紋數量之最。身形：爭奇鬥艷，千姿百態；動作：嬉戲銜咬，各展風采。

　　以圖版下方一組爲例，分別對該組六龍作出命名：主龍（大龍）稱甲龍，主龍口中之龍稱乙龍，左起第一龍稱丙龍，主龍中身被咬之龍稱丁龍，主龍后身被咬之龍稱戊龍，主龍身下之小龍稱己龍。

　　甲龍：龍口吞咬乙龍之身，龍身被丁龍與戊龍銜咬。
　　乙龍：龍身被甲龍吞咬，龍口銜咬丁龍之尾，龍尾被丙龍銜咬。
　　丙龍：位於主龍頭部左側，銜咬乙龍之尾，前肢搭於丁龍之尾。
　　丁龍：龍口銜咬甲龍之中身，龍尾被乙龍銜咬，右前爪與己龍相接。
　　戊龍：龍口銜咬甲龍之後身，龍身龍尾翻轉在空中。
　　己龍：形似幼龍，匍匐在甲龍身下，左前爪與丁龍之右前爪相對。

圖81 四葉二十四龍鏡

直徑：18.6厘米，重量：392克，資料來源：上海止水閣藏

鳴 謝

1、本書承王綱懷、傅舉有兩位老師賜序。
2、本書蒙王綱懷老師的鼓勵與協調。
3、本書前言內容主要借鑒於傅舉有老師之大作並獲允準，特此說明。
4、本書的美術設計，得到唐世儲、傅軍、王堅、羅杰等先生的幫助與支持。
5、本書的文字編輯，得到張炳生先生的幫助與支持。
6、借本書的出版，筆者對三十年來曾得到諸多幫助的陳佩芬、孔祥星、劉一曼、李經謀、孫克讓、葉德舜、孫小龍以及林素清、施翠峰、王度、莊靜芬、黃麗容等女士、先生表示衷心的謝意。
7、在本書出版過程中，得到了上海古籍出版社的大力支持。

陳燦堂
壬辰夏至

圖書在版編目（CIP）數據

西漢龍紋鏡／陳燦堂編著．—上海：上海古籍出版社，2012.12
ISBN 978-7-5325-6583-2

Ⅰ.①西… Ⅱ.①陳… Ⅲ.①古鏡—銅器（考古）—中國—西漢時代—圖集 Ⅳ.①K875.22

中國版本圖書館CIP數據核字（2012）第177172號

西漢龍紋鏡

陳燦堂　編著

上海世紀出版股份有限公司
　　　　　　　　　　　　　　　出版
上 海 古 籍 出 版 社
（上海瑞金二路272號　郵政編碼200020）
（1）網址：www.guji.com.cn
（2）E-mail:guji@guji.com.cn
（3）易文網網址：www.ewen.cc
上海世紀出版股份有限公司發行中心發行經銷
上海麗佳制版印刷有限公司印刷
開本889×1194　1/16　印張11　字數200,000
2012年12月第1版　2012年12月第1次印刷
印數1-1,000
ISBN 978-7-5325-6583-2/K・1612

定價：168.00元

如有質量問題，讀者可向工廠調換